LE
LAIT DE CHÈVRES
DE RACES SÉLECTIONNÉES

SON ROLE DANS L'ALLAITEMENT

PAR

Le Dr Jules TOUSSAINT

PARIS
C. NAUD, ÉDITEUR
3, RUE RACINE, 3
1901

LE LAIT DE CHÈVRES

DE RACES SÉLECTIONNÉES

SON ROLE DANS L'ALLAITEMENT

PAR

Le Dr Jules TOUSSAINT

PARIS

C. NAUD, ÉDITEUR

3, RUE RACINE, 3

1901

AVANT-PROPOS

Au moment de quitter cette Faculté dans laquelle nous avons fait toutes nos études médicales, il nous reste à remplir un devoir, auquel nous n'aurions eu garde de manquer, parce qu'il nous est cher.

Nous remercions ici sincèrement tous nos maîtres pour le dévouement qu'ils ont mis à nous enseigner, avec leur grand talent et leur autorité scientifique incontestée, les différentes branches de la médecine.

Nous devons à M. le Dr Routier, chirurgien de l'hôpital Necker, de nous avoir initié aux soins qu'il convient d'apporter dans le traitement des maladies des voies génito-urinaires.

M. le Dr Huchard nous a enseigné, avec son grand savoir, l'art de diagnostiquer et de soigner les affections de la poitrine et du cœur.

Dans le service de M. le Dr Comby, nous avons appris à connaître les maladies des enfants.

Nous sommes aussi très reconnaissant à M. le Pr Pinard pour le haut enseignement qu'il nous a donné pendant le trimestre que nous avons passé dans son service; nous lui devons toutes nos connaissances en obstétrique.

Nous remercions enfin les membres de notre jury et nous exprimons tout particulièrement à M. le Pr LANDOUZY notre profonde reconnaissance pour l'amabilité qu'il a eue d'accepter d'être notre président de thèse.

INTRODUCTION

Il est en France, de nos jours, un problème intéressant au premier chef et qui préoccupe tout le monde, les médecins comme la société elle-même : c'est celui qui recherche les causes de la dépopulation.

Or, cet état de choses ne serait-il pas dû, en partie du moins, à l'énormité de la mortalité dans la première enfance qui contre-balance effroyablement chaque année, surtout dans les grandes villes, le nombre des naissances plutôt qu'à la diminution de la natalité ?

Mais alors quelle serait donc la cause de ce mal ?

Ne la rencontrerions-nous pas, quelque peu, dans le mode défectueux d'allaiter aujourd'hui les nouveau-nés, qui, dans certaines familles, deviennent dans les premiers mois de leur existence un peu l'ennemi dont on désire ne point supporter les exigences naturelles et que pour cela on prive, pendant ce temps, du sein maternel pour lui donner une autre nourriture.

Sous le mauvais prétexte de convenances personnelles ou d'exigences sociales, la mère tarit la source de lait dont la nature l'avait pourvue et s'en remet trop aisément aux autres méthodes d'allaitement pour élever son enfant ;

mais les effets de cette conduite, souvent égoïste, se font maintenant sentir et c'est en pleine difficulté, quand ces malheureuses façons d'agir se sont trop généralisées, que nous entreprenons tardivement la lutte contre elles.

Aussi, dirons-nous avec M. le Pr Pinard, dont nous avons été l'élève : « Le lait de la mère appartient à son enfant. » « Toute mère saine doit allaiter son enfant. »

C'est pour elle un devoir, la nature le lui a tracé en mettant en elle l'aliment propre à l'enfant; c'est aussi un avantage, car, à la faveur de l'allaitement, le rétablissement de la mère se fait plus régulièrement et mieux, l'utérus redevient plus vite l'organe pelvien qu'il doit être à l'état de repos; enfin, l'appareil génital tout entier se trouve bien de la suspension des règles qui accompagne normalement tout ou partie de l'allaitement.

De plus M. Pinard, autorisé par sa grande expérience clinique, n'enseigne-t-il pas que l'allaitement peut avoir pouvoir curatif et que faire donner le sein à une mère atteinte de fibromyomes utérins c'est aider à la résorption de ceux-ci.

Mais bien que tout incite la mère à nourrir elle-même son enfant, il nous faut reconnaître cependant, avec tous les médecins, qu'il existe des cas où elle ne peut ou ne doit pas allaiter.

Ici se pose donc la question de l'allaitement artificiel ou par nourrice mercenaire.

Eh bien, lequel faut-il préférer ou mieux quelle méthode est la meilleure, si tant est qu'une seule puisse réunir en elle-même toutes les perfections désirables.

Ceci explique le choix du sujet de notre thèse et son but, et nous amène à indiquer les divisions de ce travail.

Dans un premier chapitre nous passerons en revue, succinctement il est vrai, les différents genres d'allaitement artificiel le plus en usage, en indiquant les avantages et les inconvénients connus de la méthode ; nous consacrerons un premier paragraphe à la critique de l'allaitement par nourrice mercenaire.

Dans un second chapitre, nous étudierons avec tout le soin voulu, au point de vue de l'alimentation des nourrissons, le lait de chèvres de races sélectionnées, lait dont la composition approche de très près celle du lait de femme et qui offre le précieux avantage de n'avoir point à faire craindre la tuberculisation des nourrissons : la chèvre est en effet l'animal le plus réfractaire à la tuberculose comme l'attestent les statistiques des abattoirs, entre autres celle de l'abattoir de Perrache (Lyon) : « En 1899, sur 3 000 chèvres tuées à cet abattoir, cinq ont été saisies pour cause de tuberculose (1). »

---

(1) J. Crépin. *Bulletin mensuel de la Société d'acclimation de France*, janvier 1901, p. 13.

CHAPITRE PREMIER

§ I. DE L'ALLAITEMENT PAR NOURRICE MERCENAIRE

Nous ne ferons ici qu'une courte critique de l'allaitement par nourrice mercenaire qui parait être pour l'enfant le meilleur mode d'alimentation dans la famille quand la mère ne peut, ou trop souvent ne veut pas le nourrir, et qu'on considère seulement son propre intérêt.

Ce genre d'élevage des nourrissons est réglementé par une loi promulguée le 23 décembre 1874, dite loi Roussel, qui laisse encore dans son application beaucoup à désirer. La quantité de demandes faites et de solutions proposées pour son amélioration le prouve bien.

D'abord les visites du médecin chargé d'inspecter les enfants mis en nourrice sont insuffisantes : pour qu'un tel service soit efficace, il faudrait que ces visites de mensuelles deviennent hebdomadaires.

Puis si la loi, formelle dans son texte, était rigoureusement appliquée, la nourrice mercenaire ne devrait avoir le droit de donner le sein à un nouveau-né qu'après le septième mois de son propre enfant (article 8).

Or, nous savons que le lait de la femme varie qualitativement durant le cours de la lactation.

Du début de l'allaitement au sevrage, le lait va toujours

s'appauvrissant en substances protéiques tout en conservant une proportion plus forte d'albumine soluble que de caséine. Toutefois, disons ici que M. Marfan met en doute la valeur de cette distinction des substances protéiques du lait en albumine soluble (lactalbumine) et caséine au point de vue alimentaire. Il se base pour cela sur les résultats qu'il a obtenus en essayant du lait humanisé, résultats qui n'ont pas été supérieurs à ceux de l'alimentation par le lait dilué. Il oppose aussi à cette façon de voir l'opinion de M. Duclaux ; celui-ci ne croit pas cette différenciation des substances albuminoïdes du lait suffisamment justifiée.

Mais, M. le Pr Monti, de Vienne, avec d'autres chimistes, comme M. Arthus, de Fribourg, croit à la réalité de cette distinction des matières protéiques du lait et dit : « Quoiqu'il n'y ait pas d'analyses exactes du lait de femme dans les différentes périodes de la lactation en nombre suffisant pour permettre des conclusions sûres et malgré les différences individuelles, nos connaissances actuelles suffisent pour établir les chiffres moyens suivants concernant la teneur du lait de femme en albumine dans les différentes périodes de la lactation.

« Ordinairement on distingue le premier lait qui suffit aux besoins de l'enfant dans les quatre à six premières semaines de la vie ; le jeune lait qui suffit pour les facultés digestives du nourrisson du 2e au 4e mois ; le lait mûr qui satisfait l'enfant jusqu'à l'âge de 7 mois et le lait vieux qui montre déjà une diminution des substances nécessaires pour le développement du corps et nous force à compléter la nourriture par les aliments étrangers. »

	CASÉINE	ALBUMINE SOLUBLE
100 parties premier lait contiennent approximativem¹	1,35	1,62
— de jeune lait —	0,85	1,19
— de lait mûr —	0,99	1,00
— de lait vieux —	0,76	0,84 (1)

Ce changement de constitution du lait correspond au pouvoir digestif de l'estomac de l'enfant qui peut digérer déjà d'autres aliments, comme l'œuf de poule, par exemple. Dans les premiers mois de la vie l'enfant assimile plus facilement l'albumine soluble utilisée directement que la caséine résorbée en peptone après un chimisme compliqué.

Or, si l'on donne à un nouveau-né le sein d'une nourrice à son septième mois d'allaitement, n'est-ce pas lui fournir une alimentation qui doit être trop pauvre en matières albuminoïdes ? Alors, pour avoir de bon lait, que faut-il ? Trouver une femme qui veuille bien se mettre en défaut avec la loi et donner le sein à l'enfant étranger quand le sien, lui, sera élevé à l'allaitement artificiel ou mixte suivant qu'elle pourra ou non nourrir les deux. Mais personne n'a le droit de priver un enfant, pas même sa mère, d'un aliment qui est sien pour le vendre à un autre.

Du reste, au point de vue qui nous occupe, en privant l'un pour combler l'autre, ce n'est pas résoudre la difficulté, c'est la déplacer ; car tous les enfants, à quelque classe de

---

(1) Monti. *XIIIe Congrès international de médecine.* Paris, 1900, p. 51.

la société qu'ils appartiennent, nous sont également intéressants.

Enfin les embarras de toute nature qui surgissent quand il s'agit de trouver une bonne nourrice, particulièrement pour élever l'enfant chez elle ; l'importance du prix demandé par la nourrice qui allaite le nourrisson dans sa famille et la nécessité des dépenses comme les ennuis qu'y entraîne son séjour, rendent ce genre d'allaitement peu commode et n'engagent pas à le prendre.

De plus la mortalité est grande chez les enfants élevés de cette manière : « Une statistique dressée par le Dr Léon Petit dans le service du Pr Pinard et portant sur 1896 enfants a donné les résultats suivants. Tandis que la mortalité des enfants élevés au sein par leur propre mère est de 15 pour 100, celle des enfants soumis à l'allaitement par nourrice à distance est de 71,50 pour 100 (1) », et la mortalité des enfants abandonnés par leurs mères, nourrices sur lieu, est de 50 pour 100.

Ces chiffres sont assez éloquents pour montrer que l'allaitement par nourrice mercenaire, principalement *par nourrice à distance,* est le plus meurtrier et doit, par conséquent, être peu utilisé.

§ II. ALLAITEMENT PAR LE LAIT DE VACHE CRU PUR

En dehors de la facilité avec laquelle on peut se procurer partout à bon marché du lait de vache, il faut reconnaître qu'en le donnant à l'enfant cru et pur de toute

---

(1) MARFAN. Traité de l'allaitement, p. 245-246.

sophistication, on lui fait absorber ainsi une nourriture vivante, un lait possédant à la fois les qualités physiques, chimiques et physiologiques qu'on peut trouver dans une sécrétion organique.

Le lait de vache possède, comme les autres, les mêmes matériaux constitutifs, mais il en diffère par leurs proportions. Certaines manipulations peuvent les changer et les rapprocher de celles du lait de femme, mais cela ne va pas, comme nous le verrons au dernier paragraphe, sans abaisser la valeur nutritive du lait.

Puis, le lait cru a surtout le précieux avantage d'être un liquide physiologique vivant : état qu'il doit aux ferments solubles qu'il renferme.

La présence de ces ferments solubles dans le lait est certaine. Au cours du travail que M. Marfan a consacré à cette question dans le numéro de la *Presse Médicale* du 9 janvier 1901, nous lisons : « Il est bien établi à l'heure présente que le lait renferme des ferments solubles. La première mention de ce fait est due à Béchamp ; ce chimiste démontra qu'il y a dans le lait de femme une diastase capable de transformer l'amidon en sucre (galacto-zymase). » Plus loin, M. Marfan dit : « Nous avons recherché par le procédé de M. Hanriot si le lait renferme des ferments saponifiants, des lipases, de ces ferments qui dédoublent les graisses neutres en acides gras et en glycérine. Nous avons constaté que le lait de femme renferme une lipase très active ; nous avons constaté aussi la présence d'une lipase dans le lait de vache ; mais celle-ci paraît moins énergique que la première. »

Donc, bien que l'existence de ces ferments solubles soit

seule établie jusqu'alors ; bien qu'on ne puisse encore démontrer leur rôle dans la digestion du lait, on est cependant en droit d'admettre leur utilité, puisqu'ils existent.

Or c'est leur présence qui fait la qualité physiologique du lait cru, c'est ce qui le rend vivant ; il faut donc la lui conserver.

Depuis longtemps déjà on a reconnu que le lait cru était d'une manière générale plus facilement digéré par l'estomac que le lait cuit et les expériences de digestion in vitro de l'un et de l'autre tendent à en faire connaître la raison : le lait cru traité par la présure ou par un acide associé à la pepsine, se prend en un caillot dense, compact, rétractile qui par agitation se désorganise en grumeaux d'autant plus solubles que le lait étudié est plus frais ; il donne alors un caillot poreux ; tandis que le lait bouilli offre des caractères de coagulation beaucoup plus marqués et son coagulum se solubilise beaucoup moins bien par agitation. Il entre donc plus difficilement en contact avec les sucs digestifs, ce qui met obstacle à l'évacuation de l'estomac.

« Arthus et Pagès, qui ont repris cette question, ont montré qu'il faut faire des distinctions suivant les cas. Pour le lait de vache, *le lait cru* est caséifié beaucoup plus vite que le lait bouilli, mais il a l'inconvénient de se rétracter assez fortement après la caséification et de subir facilement la fermentation lactique. *Le lait bouilli* se rétracte peu, après la caséification, mais il se caséifie moins facilement, moins complètement et renferme moins de sels calciques en solution (1). »

---

(1) MANQUAT. Traité élémentaire de thérapeutique, t. I, p. 936.

La grande digestibilité du lait de vache cru lui est donc donnée par la caséification stomacale qui se fait plus vite et mieux et fournit un caséum poreux plus facilement dissocié et plus intimement mêlé au suc gastrique par les mouvements de l'estomac.

Enfin, par sa teneur normale en gaz et en sels calciques dissous le lait cru possède une plus grande valeur nutritive que le lait bouilli qui, lui, est dépouillé en partie de ces principes ; aussi les enfants alimentés au lait bouilli ou stérilisé doivent-ils absorber un tiers en plus de lait que ceux élevés au lait cru pour augmenter du même poids.

Mais à côté de ces avantages marqués, il y a, à donner du lait de vache cru aux nourrissons, de gros dangers ; d'abord parce que la traite de l'animal ne se fait jamais aseptiquement. Les personnes chargées de ce soin sont peu minutieuses : pour traire les vaches elles mettent des effets malpropres ou se servent de tabliers qu'elles laissent accrochés dans l'étable exposés à toute souillure ; comme elles savent qu'après la traite le lait sera passé au tamis et qu'il n'entre pas en contact direct avec leurs mains pendant leur travail, elles ne les ont jamais lavées : et leurs mains seraient-elles propres à ce moment, qu'à placer convenablement la bête pour la traire, cela suffirait amplement à leur faire perdre tout le bénéfice de cette propreté.

Enfin si les mains peuvent être nettoyées pour la traite, les pis de l'animal ne le sont jamais et c'est là surtout que réside le danger, parce que la vache n'est pas propre ; sans être sale par instinct, elle l'est par nécessité, celle au moins qui séjourne dans les étables et c'est le cas des vaches laitières à Paris et dans la plupart des grandes villes. Par la consistance pâteuse de ses excréments la vache se souille la région fessière au moment de la défécation et les battements de sa queue contribuent à porter cette souillure plus loin sur son corps jusqu'au voisinage des pis. Enfin, parce qu'elle aime à ruminer couchée, la vache met ses trayons en contact immédiat avec sa litière, aussi des particules de fiente y adhèrent souvent qui tomberont dans le lait au moment de la traite et resteront dans ce liquide malgré son passage au tamis. Aussi avec un tel lait pourra-t-on voir se produire chez l'enfant des troubles stomacaux et intestinaux qui pourront mettre ses jours en danger.

N'a-t-on pas vu encore le lait de vache contenir les microbes de maladies infectieuses redoutables et particulièrement celui de la tuberculose, la proportion des vaches tuberculeuses étant élevée, 70 à 80 pour 100 d'après M. Nocard, professeur à l'Ecole vétérinaire d'Alfort.

« Le lait de vache contient toutes les bactéries du lait et parfois même des microbes pathogènes, comme celui de la diphtérie, de la fièvre typhoïde, de la tuberculose, etc… Le lait de vache ne doit donc pas être administré à l'état cru, il faut d'abord éloigner le danger des microbes (1). » Aussi, bien que le lait cru possède une digestibilité plus grande et soit plus nutritif que le lait bouilli ou stérilisé, on doit ne le faire entrer dans l'allaitement artificiel qu'avec précaution, quand on a pu s'assurer par la non-réaction de l'animal par la tuberculine de l'innocuité de son lait au point de vue de la transmission de la tuberculose et qu'on em-

---

(1) MONTI. *XIIIe Congrès international de médecine.* Paris, 1900, p. 58.

ploie un lait, trait et donné aseptiquement, qui mette ainsi l'enfant à l'abri d'une autre infection.

Enfin le lait de vache diffère beaucoup trop par sa composition de celui de la femme ; par sa trop grande richesse en caséine et en beurre il forme à la coagulation un gros bloc dense, compact qui se laisse beaucoup plus difficilement attaquer par le suc gastrique que le caillot mou et friable du lait de femme. Cela amène souvent chez l'enfant des troubles gastriques à tel point qu'il faut le supprimer quand il produit ces méfaits.

De plus, le lait de vache trop pauvre en sucre n'est par conséquent pas assez nourrissant : alors que « le lait de femme contient en moyenne 3 pour 100 de matières grasses, 3 pour 100 de matières protéiques et 6 pour 100 de sucre de lait » (1), celui de vache, lui, renferme, aussi en moyenne, 4 pour 100 de matières grasses, 4 pour 100 de matières protéiques et 5 pour 100 seulement de lactose. Un tel lait semble donc, pour être convenablement administré, avoir besoin de correctifs ; nous verrons au dernier paragraphe de ce chapitre les manipulations qu'on lui fait subir pour ramener le plus possible sa composition à celle du lait de femme et nous dirons quels sont les inconvénients de ce traitement.

§ III. DE L'ALLAITEMENT PAR LE LAIT DE VACHE BOUILLI OU STÉRILISÉ

Nous réunissons dans ce paragraphe l'étude du lait bouilli à celle du lait stérilisé parce que la simple ébulli-

---

(1) M. Arthus. Le lait. Éléments de chimie physiologique. Paris, 1897.

tion est un commencement de stérilisation et que dans les procédés employés pour obtenir cette dernière, il en est qui donnent comme la cuisson une stérilisation incomplète : la pasteurisation et le chauffage au bain-marie à 100°.

Différents procédés ont été employés pour stériliser le lait ; quatre sont restés en usage ; « il y a deux procédés industriels : la stérilisation et la pasteurisation. Il y a deux procédés de ménage : l'ébullition et le chauffage au bain-marie à 100 degrés. Avec le premier on obtient une stérilisation absolue ; avec les trois autres on n'obtient que des stérilisations incomplètes ou relatives (1). »

Que cherche-t-on en traitant ainsi le lait ? On essaie de lui enlever non seulement les ferments de la caséine qui produisent la fermentation lactique et l'altèrent, le font « tourner », mais on se préoccupe aussi de détruire les germes pathogènes qu'il pourrait contenir.

Seul le chauffage à 115° pendant 15 minutes à l'autoclave ou la tyndallisation peuvent rendre le lait complètement stérile et, dans ce cas, peuvent permettre de le conserver des mois sans le voir se modifier d'aucune façon.

Quant aux autres méthodes, pasteurisation, ébullition et chauffage au bain-marie à 100°, aucune ne donne une purification complète.

« L'échauffement du lait à 60° pendant dix minutes suffit pour tuer les microbes pathogènes sans altérer le lait, mais les ferments de la caséine, le bacillus subtilis, le bacillus thyrothrix tenuis, le bacillus mesentericus vulgatus

---

(1) MARFAN. Allaitement artificiel. Paris, 1896.

résistent à ces températures, et même après la cuisson à 100°, il reste des spores qui peuvent se développer (1). »

« Ainsi, il faut faire ressortir que la cuisson ne peut pas tuer les spores de certaines bactéries, même si l'on porte le liquide à une ébullition prolongée à 100 degrés, il faudrait pour cela arriver à 120°. Et ces spores peuvent encore se développer et donner naissance à de nouvelles bactéries qui, comme Soxhlet l'a déjà démontré dès 1891, sont capables de changer complètement le goût et l'aspect du lait par la fermentation butyrique. »

« La cuisson est loin d'avoir une action mortelle sur ces bactéries, bien au contraire, elles se développent plus richement dans le lait bouilli que dans le lait cru parce que la cuisson détruit les bacilles lactiques, qui ont le pouvoir en raison de leur grande quantité d'empêcher d'autres bactéries de se développer (Soxhlet et Flügge).

« Cependant même si les bactéries sont tuées par l'ébullition, il peut encore se produire des toxines nuisibles qui ne sont pas détruites, comme le tyrotoxicon de Vaughan..., comme la toxine que Pasquale de Michele a trouvée formée dans le lait contenant des bacilles de la tuberculose, même après destruction de ceux-ci. »

« Il faut se rappeler que certaines de ces toxines ne sont pas influencées par une courte cuisson et que par conséquent elles peuvent aussi développer leur action dans le lait dit stérilisé (2). »

---

(1) MONTI. *Congrès international de médecine infantile*. Paris, 1900, p. 58.

(2) JOHANNESSEN. *Congrès international de médecine infantile*. Paris, 1900, p. 65-66.

Il n'est donc à peu près possible d'avoir de garantie qu'avec un lait de provenance sûre, produit d'un animal sain, stérilisé industriellement aussitôt après la traite.

« Mais l'action des hautes températures altère le goût du lait et la composition chimique de ses éléments ; par l'altération de la lactose, le lait a un goût de caramel, la lactalbumine coagule, d'après Hammarsten, déjà à 72°-84°; la caséine coagule dans un pareil lait en flocons gros et durs ; la fine émulsion des globules lactés est détruite, les acides graisseux sont mis en liberté et donnent au lait un goût désagréable, même les sels sont transformés dans une forme insoluble et sont précipités. De cette manière on crée des conditions défavorables à la digestion et l'utilisation de la nourriture devient difficile(1) ». Même les températures plus basses comme celle de la pasteurisation qui varie entre 75° et 80° ou celle de la stérilisation par la méthode Soxhelt ou Budin c'est-à-dire vers 95°, ne sont pas sans influer sur la composition chimique du lait qui est soumis à ces divers chauffages.

« La pasteurisation peut, suivant les analyses de Woll, changer son poids spécifique : 12 échantillons ont montré une baisse de 1,03303 à 1,0328. La faculté de caséifier le lait par l'action du labferment est ordinairement perdue par la cuisson. »

« Söldder a montré que la raison de ce changement est à chercher dans les sels du lait, parce que les sels de calcium,

---

(1) Monti. *Congrès international de médecine infantile.* Paris, 1900, p. 58.

par la cuisson, se transforment en phosphate de calcium insoluble principalement en $Ca^3(PO^6)^2$. »

« Or, Hammarsten et Arthus ont montré les grandes et décisives influences que les sels de chaux solubles exercent sur la caséification du lait. »

« M. Sébelien a bien voulu faire une série de recherches qui ont montré qu'environ la moitié de l'azote contenu comme albumine se dérobe à la coagulation par la stérilisation. »

« Stoklasa a montré que le phosphore se trouve aussi dans la lécithine qui s'altère par la cuisson (1). » Or, d'après M. Chabrié, la lécithine, cette graisse phosphorée, a une grande importance pour le développement de l'organisme et la formation du squelette.

MM. Desgrez et Zaky, qui ont expérimenté dans le laboratoire de M. le P\ufeffr Bouchard la lécithine du jaune d'œuf de poule au point de vue de la nutrition, disent : « Injectée sous la peau, administrée par la voie stomacale, la lécithine améliore rapidement l'élaboration des matériaux azotés de l'économie : elle provoque en outre, fait d'un intérêt tout spécial, une fixation plus grande de l'acide phosphorique des aliments (2). »

La cuisson du lait de vache a donc l'inconvénient de diminuer dans ce liquide les combinaisons organiques phosphoriques et l'appauvrit d'autant.

« Quant à la graisse, on sait qu'une stérilisation à une

---

(1) JOHANNESSEN. *Congrès international de médecine infantile*. Paris, 1900, p. 68.

(2) *Bulletin mensuel de l'OEuvre des enfants tuberculeux* (Hôpital d'Ormesson), juillet 1901, p. 170.

température plus haute que 100° ou qu'une plus longue cuisson à cette même température la modifient. Elle ne peut rester plus longtemps à l'état de fine émulsion, elle monte à la surface en une couche solidifiée (3). »

Or, l'enfant consomme beaucoup plus de graisse proportionnellement à son poids et par jour qu'un adulte ; mais, pour être assimilée, cette graisse doit se trouver à l'état de fine émulsion, car « on peut considérer comme certain que la plus grande partie de la graisse du lait est résorbée sans décomposition, elle est seulement transformée au contact du ferment que Hanriot a découvert dans le sérum du sang (3). »

La lactose, elle aussi, comme nous l'avons vu, est en partie décomposée par la chaleur, ce qui donne au lait stérilisé le goût de caramel et son teint brunâtre.

« Par la stérilisation il se produit encore une modification dans l'état du lait amenée par la précipitation du citrate de chaux et du phosphate tricalcique (3). »

Cette précipitation des sels nuit à la résorption de la nourriture.

En dernier lieu, comme nous l'avons vu au paragraphe précédent, une température de 70° et à plus forte raison celle de l'ébullition du lait qui est à 101° détruisent les zymases ou ferments solubles contenus dans le lait ; ainsi, dit M. Axel Johannessen de Kristiana : « L'enzyme diasta-

---

(1) Johannessen. *Congrès international de médecine infantile*. Paris, 1900, p. 69.
(2) *Ibidem.*
(3) *Ibidem.*

sique que Moro a signalé dans le lait de femme et l'enzyme protéolytique décelé par Babcock et Russel en 1897, ces enzymes sont détruits par le chauffage. »

Enfin, la stérilisation du lait ne paraît pas mettre les nourrissons entièrement à l'abri des troubles gastro-entériques, pendant l'été. M. Variot qui l'a remarqué dit : « Il est vrai qu'à l'époque des grandes chaleurs les nourrissons allaités artificiellement (au lait stérilisé) sont plus sujets aux flux intestinaux. »

Ainsi, bien qu'elle semble donner certains bons résultats, cette méthode ne paraît pas être celle de choix qu'il faut prendre quand l'enfant ne peut pas être élevé au sein de sa mère.

§ III. — DE L'ALLAITEMENT PAR LE LAIT DE VACHE DILUÉ, MATERNISÉ

Nous réunissons encore ici l'étude du lait dilué à celle des laits industriels, dits maternisés ou humanisés, puisqu'ils subissent tous des manipulations tendant au même but, celui de rapprocher le plus possible leur constitution de celle du lait de femme.

Le lait de vache dilué paraît, pour les médecins qui s'occupent de pédiatrie, ne pas posséder d'avantages marqués sur le lait pur ; il a, semble-t-il, au contraire l'inconvénient d'être moins nourrissant.

« Si l'on coupe le lait de vache avec deux parties d'eau pour en former une nourriture pour le nouveau-né, ce mélange contient 0,81 pour 100 de caséine et 0,24 à 0,33 d'albumine soluble, tandis que le lait de femme à cette période contient 1,35 pour 100 de caséine et 1,62 pour 100 d'albumine soluble. Ce mélange ne correspond pas au premier lait, il est insuffisant pour un nouveau-né, parce qu'il contient trop peu d'albumine soluble et même de caséine (1) ».

Quant aux coupages par parties égales de lait et d'eau ou par deux parties de lait pour une partie d'eau, ce ne sont pas là des liquides capables de remplacer le lait mûr ou le vieux lait de femme ; ils sont toujours trop pauvres en substances albuminoïdes.

« Il s'ensuit qu'aucune manière de dilution du lait de vache avec de l'eau ne peut pas accommoder les albumines de ce lait à celles du lait de femme (3). »

Ensuite, en ajoutant de l'eau au lait de vache, « la quantité de graisse devient trop basse. Pour obvier à cet inconvénient on a ajouté une certaine quantité de graisse de lait de vache, mais cette graisse passe pour la plupart par le canal digestif sans être résorbée. Aussi l'addition de graisse est nuisible et les méthodes qui l'emploient sont à regretter (3). »

La dilution diminue encore la teneur du lait en sucre (lactose), aussi les méthodes de coupage en tiennent-elles compte et ajoutent-elles une certaine quantité de lactose ou de saccharose ; mais « dans ces méthodes le sucre devient la proie des bactéries de l'intestin grêle et donne lieu à la

---

(1) Monti. *Congrès international de médecine infantile.* Paris, 1900, p. 52.
(2) *Ibidem.*
(3) *Ibidem*, p. 56.

fermentation d'acide lactique qui, selon son intensité, donne lieu à des dyspepsies ou à des catarrhes de l'intestin grêle; ces méthodes sont donc plutôt nuisibles. »

Quant aux laits maternisés, leur usage ne semble pas devoir se généraliser.

En effet, ne les a-t-on pas accusés d'être parfois la cause du scorbut infantile ? Cette maladie ne se rencontre-t-elle pas fréquemment en Amérique et en Angleterre où l'usage de ces laits est très répandu ?

M. Comby a rapporté à la séance de la *Société de médecine des hôpitaux* du 11 novembre 1898, l'observation d'un cas de scorbut infantile (maladie de Barlow) dû à l'usage du lait maternisé. Cette maladie disparut après la suspension de ce lait, que M. Comby fit remplacer par du lait bouilli en y ajoutant quatre cuillerées à café de jus d'orange par jour et de la purée de pommes de terre.

L'enfant était complètement guéri en 15 jours, guérison qui semble bien due au lait bouilli.

M. Netter, dans cette même séance, dit qu'il a déjà cité un cas « dans lequel le jus d'orange seul n'avait pas suffi à guérir le scorbut infantile, qui n'avait cédé qu'après substitution du lait cru au lait condensé. »

Leidy a publié des cas analogues.

Ces faits ne militent donc guère en faveur de l'emploi du lait maternisé.

---

(1) Monti. *Congrès international de médecine infantile*. Paris, 1900, p. 57.

CHAPITRE II

DE L'ALLAITEMENT PAR LE LAIT DE CHÈVRES DE RACES SÉLECTIONNÉES

1. Du lait de chèvre

Sans remonter aux temps reculés de la mythologie où nous trouvons déjà glorifiée la chèvre Amalthée, nourrice de Jupiter, père des dieux et de l'humanité, on constate dans l'histoire économique des peuples, que la chèvre fut de tous les temps l'animal qui tint après la mère, le plus souvent lieu de nourrice aux hommes.

« Les anciens attribuaient si bien à son lait des vertus particulières que Longus parlant dans sa célèbre idylle de la beauté de forme et de la vigueur de Daphnis, n'en recherche les causes que dans ce fait qu'une chèvre l'avait nourri (1). »

Mais si les assertions d'un poète délicat, dans les idylles ou les bucoliques que chante sa lyre, ne sont pas suffisantes pour entraîner la conviction chez le médecin en matière d'allaitement, il nous reste la tâche d'essayer, en termes moins élevés mais peut-être plus précis, de démon-

---

(1) J. Crépin. *Bulletin mensuel de la Société d'acclimatation de France*, janvier 1901, p. 6.

trer qu'on n'a pas mal agi en se servant empiriquement du lait de chèvre comme succédané du lait de femme.

Mais avant d'apporter des faits et des chiffres à l'appui de ce que nous soutenons dans ce travail, il convient d'abord de faire tomber les préventions que le public partage avec certains médecins contre le lait de chèvre, en détruisant les erreurs et les préjugés qui subsistent encore contre lui.

1º On a reproché au lait de chèvre de s'éloigner par sa constitution du lait de femme encore plus que le lait de vache. Ce dernier, en effet, n'est-il pas considéré comme trop chargé en caséine et n'a-t-on pas accusé le premier d'être encore plus riche en matières protéiques ?

Nous répondrons à cette accusation que les analyses peu nombreuses faites jusqu'alors avec le lait de chèvre semblent encore par malheur avoir toutes porté sur le lait provenant d'une même race et de la plus mauvaise.

Un homme particulièrement compétent en cette matière, M. J. Crépin, de la Société d'acclimatation de France, dit à ce propos :

« Nous avons examiné le produit de nombreuses races de chèvres et particulièrement celui des races de choix, comme les alpines de France et de Suisse, les pyrénéennes, les maltaises, les murciennes et autres variétés espagnoles, et nous n'avons jamais constaté, même dans les variétés peu recommandables du Poitou et du centre de la France, la caséine en quantité supérieure à celle que l'on trouve dans les laits de vache de toutes provenances. La plupart des alpines donnent un lait si faible en albuminoïdes que par sa composition il se rapproche en tous points d'un bon lait de femme.

« Une seule chèvre cependant, celle de Corse, peut justifier cette opinion, car la teneur de son lait en caséine est bien de 40 grammes, mais quiconque connaît tant soit peu la chèvre, sait fort bien qu'il faut bannir la chèvre corse de toute chèvrerie sérieuse ; c'est, en effet, un animal à peu près sauvage, une mauvaise laitière qui, après sa mise-bas, donne à peine un litre 1/2 d'un lait épais, lourd et généralement imprégné d'une forte odeur caprine. »

2° On a prétendu aussi que le lait de chèvre était lourd et indigeste, sans du reste en donner la cause, au moins nettement.

Il est certain qu'une seule méthode d'allaitement ne convient pas toujours à tous les nourrissons ; ne voit-on pas même des enfants devenir atrepsiques au sein de leur mère. Il y a donc des nouveau-nés chez lesquels un genre d'allaitement devra être employé à l'exclusion de tout autre sans qu'on puisse en somme se rendre bien compte des causes de ce phénomène ; il est certain que c'est là une question de susceptibilité individuelle qui ne peut faire nullement préjuger de la valeur de la méthode.

Et puis dans ce cas n'avait-on pas utilisé ce lait de mauvaise provenance dont nous parlions plus haut ?

3° On reproche encore au lait de chèvre de posséder le goût de bouc, d'avoir une odeur hircine. Eh bien « cette odeur n'existe que dans les races dégénérées qui sont nombreuses en France ou dans celles qui se rapprochent de l'état sauvage. Cet inconvénient ne se présente jamais dans les races sélectionnées et s'atténue même dans les autres sous l'influence d'une nourriture appropriée. La saveur du lait des chèvres d'Espagne, de Malte et de Suisse est aussi exquise que celle du meilleur lait de vache avec une certaine finesse de goût en plus ».

« Dans « Chasse et Pêche » de Bruxelles, numéro du 15 mai 1899, nous trouvons sous la plume du distingué Pr M. Reul, de l'École vétérinaire de Bruxelles, le témoignage suivant : « Le lait de chèvres murciennes est gras, légèrement sucré et dépourvu de toute odeur hircine, nous en avons goûté chaud au sortir du pis, pour mieux nous convaincre d'une particularité que nous ne rapporterions pas ici si nous ne l'avions pas constatée (1). »

Nous avons pu nous assurer nous-même de ce fait. Nous avons goûté du lait fraîchement trait de chèvre suisse et de chèvre maltaise nourries au fourrage sec ; le premier nous a paru seulement très léger, le second, plus gras, avait bien le goût que nous connaissons au lait de vache. Aucun d'eux, ni à l'odorat, ni au goût, ne trahissait son origine.

« Quant au préjugé si répandu que le lait de chèvre énerve ou, pour parler plus français, surexcite les enfants, nous ne le mentionnons, dit M. Crépin, que pour en signaler l'absurdité et le préjudice qu'il cause en empêchant souvent la mère de famille de recourir à l'action salutaire du lait de chèvre pour l'alimentation de son enfant. Lui prêter le moindre crédit, c'est d'une part confondre la vivacité et l'entrain qui sont des signes de santé chez l'enfant, avec l'énervement, état maladif que la chèvre ne saurait communiquer, et d'autre part admettre que les Algériens, les Mal-

---

(1) J. Crépin. *Bulletin mensuel de la Société d'acclimatation de France*, janvier 1901, p. 7-8.

tais, les Grecs, les Napolitains et tous les montagnards qui font exclusivement usage du lait de chèvre, sont des races névropathes, alors qu'en réalité la neurasthénie leur est en quelque sorte inconnue (1). »

D'ailleurs, M. Crépin a pu se convaincre de ce fait, que la chèvre n'est pas un animal dont le système nerveux soit bien irritable, en la soumettant aux rayons Rœntgen ; or, le contact presque immédiat de l'ampoule lumineuse n'a paru nullement l'incommoder.

Enfin, terminons ces premières notions sur le lait de chèvre en prévenant de la couleur caractéristique que ce lait donne aux selles des nourrissons : au lieu d'être jaunes « bouton d'or » comme sont celles d'un enfant nourri au sein maternel, elles ont une teinte plus terne, couleur « farine de maïs » (Dr Boissard) ou « mastic » (Dr Barbellion). Cette couleur est « sui generis » pour le lait de chèvre et ses dérivés : ce lait est blanc et son beurre l'est aussi. « Cette teinte, dit M. Crépin, effraie souvent les mères de famille qui croient voir en cela une menace de lienterie bien que l'odeur fétide n'y soit pas. Ces faits ont été rigoureusement observés par nous sur de jeunes chevreaux dont les fèces prenaient la couleur blanc mastic, jaune bouton d'or ou brun foncé, selon que nous leur faisions absorber du lait de chèvre, du lait de vache ou du bouillon gras (3). »

---

(1) J. Crépin. *Bulletin mensuel de la Société d'acclimatation de France*, janvier 1901, p. 9.
(2) J. Crépin. *Ibidem*, p. 10.

II. La santé de la chèvre en stabulation dans les grandes villes et sa nourriture

Des médecins ont dit, comme M. Saint-Yves Ménard, que la chèvre s'accommodait mal au séjour de l'étable; on a même pensé que la stabulation devait diminuer la résistance de cet animal aux maladies, et que prises robustes sur la montagne, les chèvres amenées à Paris, par exemple, semblaient devoir ne point s'y acclimater, dépérir et fatalement prendre, comme la vache, la tuberculose.

Or, n'y a-t-il pas déjà dans de grandes villes comme à Lyon, au Mont-d'Or Lyonnais, comme à Paris, à Vaugirard, des chèvreries qui comptent, à Lyon du moins, des milliers de ces gracieux et beaux animaux, tous aussi vigoureux et aussi sains que leurs congénères de la montagne?

Au Mont-d'Or Lyonnais ce sont, il est vrai, des bêtes acclimatées, mais à Paris nous avons vu dans la chèvrerie modèle de Vaugirard des chèvres venues depuis plusieurs années déjà des sommets des Alpes, des pics des Pyrénées, de la Tunisie et de l'île de Malte qui ne paraissent nullement avoir souffert ou souffrir actuellement de ce changement de climat. Et ces animaux ne possèdent cependant pour tout domicile, à l'étable, qu'une stalle proportionnée à leur volume et en plein air quelques mètres carrés seulement d'un terrain agrémenté d'un peu de rocailles où par la belle saison ils peuvent se livrer à leurs gambades.

Toutefois quand on fait l'élevage de ces chèvres de choix, il faut compter ne pas voir réussir tous les sujets;

« Il est certain, dit M. Crépin, que sur des troupeaux de 100 bêtes, il faut bien compter sur quelque déchet, mais les causes de la mortalité nous ont paru toujours manifestement étrangères au changement de climat. Quant à la résistance de la chèvre au régime de Paris elle ne fait pas de doute ; nous possédons des animaux qui ont plus de deux ans d'étable et ne paraissent aucunement en souffrir, puisqu'ils sont absolument superbes tout en donnant du lait en abondance (1). »

Mais il est possible de faire mieux pour acclimater et conserver en bon état de santé des chèvres de *montagnes à Paris*. Comme ces bêtes tarissent en moyenne deux ou trois mois avant leur mise-bas qui se fait une fois par an en toute saison, ne serait-il pas possible de transporter les chèvres pleines aux environs de Paris où l'on pourrait leur donner ainsi un air pur et leur permettre de terminer en bonnes conditions leur gestation sans pour cela augmenter beaucoup les frais afférents à l'installation et au fonctionnement d'une chèvrerie.

Quant à savoir si la privation de liberté, le changement de climat et de nourriture peuvent prédisposer la chèvre à prendre la tuberculose en vivant dans un milieu vicié par les germes de cette maladie, nous pouvons dire, c'est reconnu, que cette contamination ne s'est pas produite jusqu'alors.

La chèvre est en effet l'animal qui prend le plus diffi

---

(1) J. Crépin. *Bulletin de la Société d'acclimatation de France*, janvier 1901, p. 11.

cilement cette terrible maladie. On croyait autrefois l'espèce caprine absolument réfractaire à la tuberculose ; M. Nocard disait qu'en dehors des faits expérimentaux, on ne rencontrait pas de tuberculose chez la chèvre.

Le sang de chèvre est bactéricide du bacille de Koch, ont dit MM. Bertin et Picq.

M. Trasbot, le distingué directeur de l'École vétérinaire d'Alfort, lui-même a dit : « La tuberculose ne s'observe pas chez la chèvre » (Vaccine caprine en Algérie. Académie de médecine, 1900).

Cependant « des procédés expérimentaux nouveaux ont établi que tous les animaux supérieurs devaient être susceptibles, à des degrés divers, de contracter la terrible maladie, mais il reste acquis à la science que la chèvre doit être classée parmi les plus rebelles ».

« MM. Leclerc et Deruelle, de service à l'inspection des viandes à l'abattoir de Perrache (Lyon), ont observé la tuberculose chez la chèvre une dizaine de fois. En 1899, sur 3 000 chèvres tuées à cet abattoir, cinq ont été saisies pour cause de tuberculose.

« N'est-ce pas là toutefois une constatation très rassurante en faveur de la chèvre, qui ne deviendrait tuberculeuse que dans la proportion de 1,6 (un, six dixièmes) par mille, alors que pour la vache, dans certains pays, la proportion des sujets tuberculeux atteindrait et même dépasserait 50 pour 100. »

Maintenant quel doit être le régime alimentaire de ces chèvres, enfermées ainsi dans une étable, pour leur faire

---

(1) J. Crépin. *Ibidem*, p. 13.

produire un lait abondant et dont la composition soit favorable à l'allaitement des enfants ?

Il faut dire d'abord que la teneur relativement faible en caséine qu'ont les laits de chèvres suisses ou alpines, laits légers qui conviennent si bien à l'alimentation des nouveau-nés, que cette teneur minime en caséine, disons-nous, est bien propre à la race, car elle est constante pour un même lait malgré la nourriture à quelque nuance près.

Ainsi, les suisses et les alpines donnent en moyenne de 22 à 24 grammes de caséine par litre au début de la lactation, tandis qu'avec la même nourriture les maltaises donnent $36^{gr},50$ et les pyrénéennes $27^{gr},80$ de caséine par litre.

Du reste nous empruntons au travail de M. Crépin, sur la Chèvre, dans le *Bulletin de la Société d'acclimatation de France,* janvier 1901, le tableau suivant de la composition des différents laits de chèvres de races sélectionnées. On y verra les taux en caséine, beurre et lactose de ces laits.

	N° I GROSSE CHÈVRE DES PYRÉNÉES LACTATION ANCIENNE	N° II CHÈVRE DE MURCIE LACTATION ANCIENNE	N° III CHÈVRE DE MURCIE LACTATION NOUVELLE	N° IV CHÈVRE SUISSE LACTATION ANCIENNE	N° V CHÈVRE SUISSE LACTATION NOUVELLE	N° VI CHÈVRE DE MALTE	N° VI bis ENSEMBLE DE TRAITES DE 25 CHÈVRES DE MALTE	N° VII LAIT PROVENANT DE 60 CHÈVRES ALPINES	N° VIII ENSEMBLE DE LA TRAITE	N° IX MÉLANGE DES LAITS N° 1 ET N° 5 PAR MOITIÉ	N° X MÉLANGE DES LAITS N° 3 ET N° 5 PROPORTION DE 4 A 2
Réaction.	neutre	légèrement alcaline	faiblement alcaline	neutre	faiblement alcaline	»	»	»	neutre	»	»
Densité.	1031,5	1032 »	1030 »	1032,5	1027 »	1033 »	1058,9	1025,3	1030 »	1030 »	1028 »
Résidu sec.	139,75	128,75	129 »	115,5	100 »	146,50	141,25	102,5	132,5	120	111,6
Eau.	891 »	903 »	901 »	917 »	926 »	»	»	»	897,5	908 »	916 »
Sels.	7,50	7,50	7,20	8 »	6 »	8,10	8,85	7,45	7,85	7 »	6,45
Partie organique.	132,22	121,25	121,80	107 »	94,5	»	»	»	124,65	113,36	105,42
Beurre.	50 »	36,50	41 »	26 »	24 »	44,83	48,65	31,40	39,6	37 »	30,80
Sucre de lait.	54,02	55,66	47,97	52,78	46,74	46,30	47,15	41,50	49 »	50,38	47,23
Caséine.	27,80	28,40	31,33	28 »	22,76	36,62	37,50	24,10	34,5	25,50	26,18
Lactoprotéine et div..	0,43	0,68	1,50	0,72	1 »	»	»	»	1,55	0,70	1,20

par litre

Ces analyses ont été faites par MM. Baucher et Dumouthiers, chimistes connus, et vérifiées par M. Weber, membre de l'Académie de médecine.

Eh bien, pour obtenir de pareils laits qui approchent de si près par leur composition du lait des différentes périodes de la lactation de la femme, empruntons à M. Crépin, dans le travail précité, ses propres écrits sur le régime alimentaire qu'il fait suivre à ses chèvres.

« Les caprins acceptent bien tous les fourrages dont se contente la vache, mais donnent la préférence au regain sec et bon, de quelque nature qu'il soit (1). »

« La chèvre, dit Buffon, est robuste, aisée à nourrir, presque toutes les herbes lui sont bonnes et il y en a peu qui l'incommodent (2). »

« Comme la nourriture, ajoute M. Crépin, exerce une influence considérable sur le goût du lait de chèvre, il nous a semblé que rien ne pouvait être supérieur à ce point de vue au regain de luzerne, sainfoin, trèfle sec, et enfin à du son de bonne qualité. Le maïs trouve aussi son emploi utile pendant la lactation en ce sens qu'il augmente dans le lait la richesse en phosphates ; aux maltaises nous donnons de préférence des fèves pour obtenir un produit abondant (3). »

III. Lactation de la chèvre

La chèvre prend le bouc vers la fin de sa première année et porte cinq mois.

---

(1) J. Crépin. *Ibidem*, p. 16.
(2) Buffon. La chèvre.
(3) J. Crépin. In *loc. cit.*

Après sa mise-bas, elle donne, suivant la race et selon le sujet, pendant 9 à 10 mois de l'année une quantité de lait qui varie entre 1 et 5 litres de lait par jour comme extrêmes limites ; exceptionnellement on a vu des chèvres avoir 8 litres de lait par jour.

Les chèvres suisses et les alpines, qui sont de grande taille, donnent en moyenne 3 à 5 litres par jour d'un lait léger, peu chargé en caséine, tandis que les petites chèvres de Malte et de Murcie fournissent un lait moins abondant mais plus riche en matières grasses, en matières protéiques et en lactose ; le produit journalier de ces dernières est en moyenne de 2 litres. Ces bêtes arrivent donc, même en stabulation, à fournir une quantité de lait plus forte proportionnellement à leur poids que n'en donne une vache. En effet, une vache normande qui mesure environ 1^m,50 au garrot produit annuellement 4 000 litres de lait, ce qui fait à peu près 12 à 13 litres par jour, et une chèvre suisse de 75 centimètres au garrot fournit 4 à 5 litres de lait dans ce même temps.

« La chèvre, dit M. Crépin, consomme, selon qu'elle est de race suisse ou espagnole, 1/6e ou 1/8e du fourrage nécessaire à une vache de bonne taille. Or nos chèvres de Saauen, de Toggenbourg, de Gruyère et du Haut-Valais, etc., donnent, quand elles sont bonnes, de 900 à 1 000 litres de lait dans une lactation de 10 mois ; même la charmante petite chèvre rouge de Murcie produit facilement, d'après notre expérience, ses 600 litres par an. Il s'ensuit que six bonnes chèvres suisses, consommant la même quantité de nourriture et valant ensemble le même prix qu'une vache de bonne taille rapporteront 5 400 à 6 000 litres de lait pendant leur lactation d'un an et que huit petites chèvres de Murcie ne coûtant ensemble que le prix d'achat et d'entretien de cette même vache donneront à leur propriétaire un produit annuel de 4 800 litres de lait (1). »

IV. Avantages de l'emploi du lait de chèvres de races sélectionnées dans l'allaitement des nourrissons.

Voyons donc quels sont les motifs qui nous poussent à préconiser le lait de ces chèvres dans l'allaitement artificiel, ou plutôt rappelons-les, car dans ce qui précède nous nous sommes efforcé de mettre en évidence les précieux avantages qu'offre ce lait sur celui de la vache.

Nous avons vu que le lait de chèvre pouvait être administré cru, c'est-à-dire vivant, possédant encore ses ferments solubles dont la présence lui assure une plus grande et plus parfaite digestibilité.

Leur action bienfaisante n'est du reste pas à dédaigner ; car M. Marfan n'a-t-il pas émis l'hypothèse, très vraisemblable, que l'atrepsie des nourrissons devait avoir pour cause chez ceux qui en sont atteints, la pauvreté des « ferments trophiques » qu'ils élaborent et l'absence de ces mêmes ferments dans le lait qu'ils reçoivent.

M. Marfan qui a eu la grande obligeance de nous communiquer l'extrait d'un travail qu'il fit publier sur ce sujet dans la *Revue mensuelle des maladies de l'enfance*, février 1901, M. Marfan, disons-nous, s'exprime ainsi sur l'atrep-

---

(1) J. Crépin. *Bulletin de la Société d'acclimatation de France*, janvier 1901, p. 17.

sie des nourrissons : « Cette cachexie atrophique si spéciale des nourrissons, dont l'atrepsie de Parrot n'est que l'expression la plus élevée, a une pathogénie encore bien obscure. La présence des ferments solubles dans le lait et les déductions qu'on en peut tirer me paraissent apporter là-dessus une donnée nouvelle qui explique mieux les faits. S'il est vrai que l'organisme du nouveau-né ou du nourrisson produit une quantité insuffisante de ferments nutritifs ou qu'il élabore des ferments peu actifs, surtout par rapport à la période de croissance où il se trouve, il est permis de supposer que la caractéristique de la vie du nourrisson c'est à la fois la nécessité et la fragilité de cette fonction élaboratrice des ferments de la nutrition. »

« Si le nourrisson ne reçoit pas les ferments trophiques avec le lait de sa mère ou de sa nourrice, sa nutrition qui doit être si active pour subvenir aux besoins de la croissance manquera du stimulant nécessaire : le développement s'arrêtera, la cachexie atrophique surviendra. Dans nombre de cas, la cachexie atrophique est telle qu'elle n'est pas explicable autrement. »

Voilà donc qui parle en faveur du lait cru pour l'alimentation des enfants quand on peut leur donner, comme avec le lait de chèvre, un liquide indemne de matière tuberculeuse ; car, il est bien évident que c'est la destruction du bacille de Koch que vise surtout la stérilisation du lait de vache ; elle a bien permis aussi de voir diminuer les cas de choléra infantile et cependant elle ne met pas les enfants à l'abri de cet accident aux moments des fortes chaleurs d'été, et cela de l'avis même des partisans du lait stérilisé ; nous avons cité les paroles de M. Variot, lui-même, sur la fréquence des flux intestinaux pendant l'été chez les nourrissons allaités au lait stérilisé

Du reste, M. Lesage, médecin des hôpitaux, a montré, dans la séance du 18 novembre 1898 à la *Société de Médecine des Hôpitaux*, la grosse part qu'il fallait attribuer à la température dans les épidémies de choléra infantile.

« Pourquoi, dit-il, cette sensibilité de quelques-uns vis-à-vis de la chaleur et de l'orage ? Nous l'ignorons. Cependant nous connaissons tous l'influence de la chaleur aux colonies sur la production des maladies intestinales. Peut-être y a-t-il quelque chose de semblable dans ce que nous observons.

« On peut observer des faits inverses. Un enfant est atteint d'entérite, rien n'agit. Envoyez-le dans un endroit frais, tout s'arrête spontanément. C'est comme le changement d'air pour la coqueluche. »

Et dans la discussion qui suit la communication de M. Lesage, M. Marfan dit qu'il est porté à penser, comme lui, que le choléra infantile peut se développer chez des enfants nourris de lait stérilisé.

Le lait de chèvre ne renferme pas de bacilles tuberculeux, avons-nous dit, parce que la bête qui le produit est une des plus rebelles à la tuberculose, et nous avons appuyé cette affirmation par les écrits d'hommes éminents et particulièrement compétents dans cette question.

De plus nous avons fait ressortir tous les avantages qu'on pouvait tirer de l'allaitement au lait cru, puisqu'on possède avec lui un liquide rendu vivant par la présence de ses ferments solubles qui aident à son assimilation par l'organisme infantile.

Or n'est-ce pas là un côté bien précieux de l'utilisation du lait de chèvre, dans l'alimentation des nourrissons, de pouvoir l'administrer cru, puisqu'il n'est pas contaminé par le bacille de Koch et ne saurait donc faire craindre la tuberculisation des enfants ?

Le donner tel, n'est-ce pas encore nourrir les nouveau-nés *au lait vivant,* suivant l'expression de M. le Pr Landouzy ? N'est-ce pas au moins, quand ces petits êtres sont privés du sein maternel, conserver à la nourriture qu'on leur donne la grande qualité de celle qu'ils perdent ?

Mais il va sans dire que pour bien utiliser le lait de chèvre cru dans l'allaitement, il faut pouvoir le donner aseptiquement ; c'est-à-dire que la traite même doit être aseptique : la propreté de la bête aide beaucoup à obtenir ce résultat ; en effet, elle souille peu sa litière par sa fiente toujours moulée et dure, puis il est facile de la maintenir en bon état de robe par un pansage quotidien.

Les mains des personnes chargées de traire les chèvres et les pis de ces animaux seront aussi minutieusent nettoyés et lavés à l'eau bouillie : les premiers jets de lait seront perdus et permettront de débarrasser les conduits galactophores des germes venus du dehors ; puis, le lait sera recueilli dans des bouteilles stérilisées, complètement remplies et bouchées hermétiquement par une fermeture aseptique.

Le lait sera consommé le plus tôt possible après la traite, qui faite deux fois par jour, matin et soir, pourra permettre de n'employer qu'un lait frais.

Enfin les flacons, de capacités différentes, contiendront la quantité de lait nécessaire pour une seule tetée, proportionnée à l'âge de l'enfant. Pour le faire boire on adaptera au flacon une tétine en caoutchouc, stérilisée à l'eau bouillante et maintenue entre les tetées dans une solution d'eau boriquée renouvelée chaque jour.

De cette manière on pourra sans danger pour les nourrissons leur faire prendre du lait cru.

Il pourrait se faire qu'on nous objecte qu'il y ait bien des difficultés à agir de la sorte dans Paris. Pourquoi cela ? Serait-il donc si difficile d'établir en plusieurs points de la capitale des chèvreries renfermant seulement des bêtes en pleine lactation, comme de belles et grosses chèvres suisses ou alpines qui produiraient, avec la nourriture dont nous avons parlé, un lait très semblable à celui de la femme ?

L'acclimatation de ces animaux est, nous l'avons vu, un fait accompli et leur adaptation à la stabulation est obtenue : c'est là deux écueils avec lesquels on n'aurait plus à compter pour l'installation de chèvreries dans les grands centres.

De plus l'utilisation du lait de chèvre à Paris permettrait de pouvoir s'assurer un lait pur, nullement frelaté, car il serait aisé soit d'aller prendre le lait à sa source, c'est-à-dire de faire traire la chèvre devant soi, soit de la faire amener à domicile tous les jours transportée dans une voiture appropriée à cet usage.

Ce serait déjà un gros avantage acquis de pouvoir acheter du lait pur pour les enfants. Car, même en ce moment-ci le mouillage et l'écrémage continuent à Paris. Nous allons le voir par les chiffres suivants qu'a bien voulu nous communiquer M. le Dr Bordas, sous-directeur du laboratoire municipal :

De 1881 à 1885, le laboratoire municipal a analysé

environ 1 200 échantillons de lait parmi lesquels il y en avait près de 4 000 mauvais.

En 1885, 4 750 échantillons sont examinés, parmi eux on compte encore 1 500 mauvais.

Puis de 1885 à 1894, le nombre des échantillons totaux analysés se maintenant, celui des échantillons mauvais baisse ; il faut croire qu'à cette époque une surveillance active sur les laitiers par la police et une sévérité exemplaire des tribunaux à l'égard des fraudeurs ont diminué leur ardeur.

Mais, soit relâchement de surveillance ou clémence des juges de 1894 à 1897, le chiffre des mauvais échantillons augmente notablement, il passe à 4 550 sur environ 18 000 analyses faites pendant ces quatre années.

De 1897 à nos jours, le chiffre des mauvais laits reste aux environs de 1 700 par an sans tendance à baisser.

On voit qu'il est encore difficile actuellement à Paris de consommer du lait véritablement pur, c'est-à-dire ni écrémé, ni mouillé. Encore cette dilution est-elle souvent faite à la hâte avec une eau plus ou moins potable !

Les chèvreries en plein Paris auraient donc encore l'utilité de nous permettre d'avoir un lait non frelaté.

Au commencement de ce chapitre, nous avons dit que, contrairement à l'opinion admise jusqu'ici, le lait de chèvre peut avec la race n'avoir qu'une faible teneur en caséine et se rapprocher ainsi du lait de femme.

Nous avons pu nous procurer à la chèvrerie de Vaugirard quelques échantillons de lait pour les faire analyser et contrôler ainsi les premiers chiffres donnés sur les proportions des matériaux qu'ils contiennent.

Avec le gracieux concours M. le Dr Bordas nous avons pu faire analyser ces laits au laboratoire municipal.

Voici les chiffres qu'ont donné ces analyses :

RÉSULTATS RAPPORTÉS A 100 PARTIES DE LAIT

LAITS DE LACTATION ANCIENNE	N° I LAIT DE CHÈVRE SUISSE	N° II MÉLANGE DE LAIT DE CHÈVRE SUISSE ET DE CHÈVRE DE MURCIE PAR MOITIÉ	N° III LAIT DE CHÈVRE DE MALTE
Eau.	88,39	87,51	86,04
Extrait à 100° ou matières fixes.	11,61	12,49	13,96
Matières grasses.	3,25	3,94	4,66
Lactose.	4,53	5,21	5,29
Cendre.	0,86	0,71	0,80
Caséine (par différence).	2,97	2,63	3,21

Il est clair que voici trois laits bien utiles dans l'allaitement. Le peu de caséine que renferment les deux premiers les met au premier rang des laits propres à la nourriture des nouveau-nés, en même temps que leur richesse relative en beurre et en lactose leur conserve une réelle valeur nutritive.

Le n° I et le n° II servent donc avantageusement pour élever les enfants pendant les cinq ou six premiers mois et le n° III beaucoup plus gras et beaucoup plus sucré convient parfaitement aux nourrissons déjà âgés.

Mais sachant que le régime alimentaire peut avoir sur la sécrétion mammaire de la chèvre une influence manifeste, nous avons essayé de soumettre les animaux qui nous avaient fourni les laits analysés ci-dessus à une alimentation spéciale pour voir dans quel sens, en plus ou en moins, varieraient les proportions de caséine, de beurre et de lactose.

Nous avons donc donné à ces chèvres pendant dix jours au matin un repas de betterave sucrière, découpée en minces lames, essorées et mêlées à du son, puis au soir un repas d'orge et de son. Ces bêtes recevaient en même temps dans la journée du regain sec.

Leur lait fut de nouveau analysé au laboratoire municipal et voici quels autres chiffres cet examen donna :

RÉSULTATS RAPPORTÉS A 100 PARTIES DE LAIT

LAITS DE LACTATION ANCIENNE	N° I LAIT DE CHÈVRE SUISSE	N° II MÉLANGE DE LAIT DE CHÈVRE SUISSE ET DE CHÈVRE DE MURCIE PAR MOITIÉ	N° III LAIT DE CHÈVRE DE MALTE
Eau..	87,38	86,49	85,64
Matières fixes..	12,62	13,51	14,36
Matières grasses..	3,60	3,25	3,06
Lactose..	5,29	4,91	5,29
Cendre..	0,79	0,76	0,86
Caséine (par différence).	2,94	4,59	5,17

Cette alimentation paraît donc avoir été bonne aux chèvres suisses qui ont donné un lait beaucoup plus sucré et aussi plus gras avec une même teneur en caséine ; mais, ce régime alimentaire a été très mauvais pour les chèvres de Murcie et de Malte qui ont dans leur lait une proportion énorme de caséine, l'une $50^{gr},700$ par litre et l'autre $52^{gr},300$.

Ces chiffres sont cependant intéressants à connaître car ils montrent que l'alimentation avec la race de la chèvre doivent entrer en ligne de compte, quand on cherche à obtenir des caprins un lait approprié à l'allaitement des enfants. De plus cela indique que la nourriture qu'ont habituellement ces animaux (regain sec, son et maïs) paraît être celle de choix pour avoir d'eux un lait peu chargé en caséine et suffisamment riche en matières grasses et en sucre.

Mais examinons maintenant un autre caractère du lait de chèvre qui permet de le mettre en comparaison avec celui de la femme, nous voulons parler de son mode de coagulation ; car, il est important d'étudier, pour l'alimentation des enfants, toutes les propriétés des divers laits comparables à celles du lait type. Ce qui différencie le lait de vache du lait humain, n'est-ce pas avec sa trop grande richesse en caséine la manière dont ce lait se caséifie en une masse compacte et dure, en un véritable bloc dense, peu facilement dissociable par agitation alors que le lait de femme caille en flocons légers, ténus et mous.

Cette coagulation du lait de vache rend précisément désavantageuse l'utilisation de ce lait dans l'allaitement, car elle provoque une digestion lente et difficile à la faveur de laquelle les bacilles vulgaires du tube digestif de l'enfant se multiplient et déterminent si souvent chez lui des troubles gastriques par fermentation.

Au contraire, le lait de chèvres de races sélectionnées prend à la façon du lait de femme en flocons légers et friables ; les expériences de coagulation artificielle entreprises par le Dr Barbellion sur le lait de ces animaux et rapportées dans le compte rendu du Congrès international de médecine infantile (Paris, 1900) montrent bien toute l'analogie qu'il y a sous ce rapport entre le lait de chèvre et le lait humain. « Nous avons soumis, dit M. le Dr Barbellion, nos laits à l'action de l'acide lactique à 2 pour 100, de l'acide chlorhydrique, de l'acide acétique, ces acides étant seuls ou associés. Toutes ces expériences nous ont prouvé que :

a) Le caillot du *lait de vache cru* forme un bloc compact, dense, rétractile et adhérent, se divisant par agitation en grumeaux peu solubles ;

b) Le caillot du *lait de vache bouilli* présente les mêmes caractères que le précédent, mais ces caractères sont plus marqués, les grumeaux sont moins solubles.

c) Le caillot du *lait de vache stérilisé* est pris en masse moins compacte, moins dense, molle, se divisant par agitation en grumeaux assez solubles.

d) Le caillot du *lait de vache maternisé* est floconneux, presque homogène, très mou et très soluble.

e) Le caillot du *lait de chèvre alpine cru* forme de très petits flocons légers, mous, très friables et très solubles, comme ceux du lait de femme et du lait d'ânesse.

f) Le caillot du *lait de chèvre de Murcie cru* présente les mêmes caractères que le précédent ; les flocons sont un peu moins ténus, mais ils sont très friables et très solubles.

Pour ces deux dernières sortes de lait la cuisson ne change rien à l'aspect du caillot, mais elle diminue sa solubilité.

Le caillot du lait de femme, du lait d'ânesse, du lait de

chèvre, du lait maternisé, après agitation se précipite très lentement et incomplètement. Le caillot du lait de vache cru, bouilli ou stérilisé, se précipite très rapidement ; le sérum se sépare et redevient limpide immédiatement. »

Du parallèle que l'on peut tirer entre le lait de chèvre et le lait de femme, il ressort encore pour eux une qualité commune, c'est leur facile digestibilité.

Si l'on traite en effet l'un et l'autre par la pepsine associée à un acide ou la pancréatine, on observe qu'au bout d'un certain temps ces deux laits soumis à cette digestion in vitro se sont comportés de la même façon, c'est-à-dire que leur digestion est arrivée au même point, alors qu'un lait de vache témoin traité de la même manière montre dans cette voie un retard considérable sur les précédents : « Tandis que les laits de femme, d'ânesse, de chèvre suisse ou alpine donnent au bout de 20 heures une légère couche crémeuse et un liquide limpide et homogène, le lait de vache (stérilisé, cru ou bouilli) donne un caillot compact, adhérent, de dissociation difficile ; au bout de 60 heures, le lait de vache stérilisé présentait encore un caillot égal aux trois quarts de la hauteur totale, le lait de vache bouilli égale à la moitié de la hauteur et le lait de vache cru égale au cinquième. »

« D'une manière générale, il est facile de conclure que les digestions artificielles faites concurremment démontrent la supériorité manifeste du lait cru de certaines races de chèvres sur le lait de vache et l'équivalence de la digestibilité pour le lait des races en question avec le lait de femme et d'ânesse. »

Pour montrer, en terminant ce travail, qu'il n'y a pas seulement des vues de l'esprit dans notre appréciation sur les ressources à tirer de l'utilisation du lait de chèvres de races sélectionnées dans l'allaitement, nous ne saurions mieux faire que de reproduire ici l'opinion, éclairée par l'expérience, de M. le Dr Boissard, accoucheur à l'hôpital Tenon.

M. Boissard a écrit sur ce sujet dans le *Journal des Praticiens* du 30 mai 1900 : « Tous les moyens ou plutôt tous les produits naturels qui viendront augmenter nos ressources pour l'alimentation des nouveau-nés doivent être examinés avec la plus sérieuse attention, surtout dans une grande ville comme Paris où l'alimentation des enfants du premier âge constitue un vrai problème. »

« A une époque où l'alimentation mercenaire devient heureusement chaque jour de plus en plus difficile, coûteuse et aléatoire, à une époque où l'on commence à s'apercevoir des dangers qu'il y a à s'écarter des lois naturelles et des inconvénients qu'il y a à rejeter les ressources mises par la nature à la disposition de la créature, il semble bien difficile de repousser sans examen le lait de chèvre de l'alimentation des nouveau-nés.

« Estimant qu'il y aurait une coupable légèreté à bannir d'emblée et sans autre forme de procès ce mode d'alimentation, nous avons essayé dans notre service à la Maternité de Tenon le lait de chèvre et ce sont les résultats obtenus que nous venons exposer dans ces quelques lignes qui fixeront l'attention sur ce mode d'alimentation appelé, croyons-nous, à rendre des services au point de vue de l'hygiène alimentaire des nourrissons. »

Après avoir passé en revue toutes les préventions qui existent contre l'emploi du lait de chèvre et montré l'inanité des préjugés qu'on élève encore à l'heure actuelle contre lui, M. le D* Boissard dit : « Le lait de chèvre que nous avons expérimenté, c'est-à-dire après sélection de races, traite aseptique et usage de carafes propres et bien bouchées, nous paraît offrir trois avantages d'une valeur incontestable ; la possibilité d'avoir un lait absolument frais et vivant n'ayant subi aucune modification par des chauffes successives ou par la stérilisation. aucune altération par un voyage prolongé ; on sait qu'une grande partie du lait de vache consommé à Paris provient de vacheries distantes de 80 à 100 kilomètres ; au contraire, avec le lait de chèvre il sera facile de faire la traite à domicile en transportant dans des voitures spéciales les chèvres laitières : de toute façon, la traite ayant lieu dans les chèvreries parisiennes, le lait pourra toujours être consommé frais ; en second lieu, la chèvre étant absolument réfractaire au bacille de Koch, il n'y aura aucune crainte de la transmission de la tuberculose en donnant le lait cru, c'est-à-dire à peine réchauffé, et ce point nous paraît d'une importance capitale en ce temps de lutte contre la tuberculose ; enfin les résultats fournis par l'expérimentation (digestions artificielles par la gastérine) démontrent l'extrême digestibilité de ce lait, comparable à celle présentée par le lait de femme. »

M. Boissard examine ensuite tous les avantages qu'on peut tirer « d'un lait recueilli sur place et donné toujours frais au nouveau-né » ; il termine en donnant une opinion favorable, à l'emploi du lait de chèvres de races sélectionnées, à cause des bons résultats qu'il a obtenus à la maternité de Tenon avec ce mode d'allaitement : « Le lait de chèvre que nous avons employé était donné soit dans le service, c'est-à-dire à des tout nouveau-nés, soit à notre consultation externe de nourrissons, c'est-à-dire à des enfants âgés de quelques mois ; chez les premiers comme chez les seconds, le lait, donné non coupé, était bien supporté ; outre l'augmentation du poids, les garde-robes ne présentèrent pas d'odeur ; leur coloration seule nous a paru un peu particulière, s'éloignant du type bouton d'or ou œufs brouillés pour se rapprocher de l'aspect d'un potage à la farine de maïs ; deux fois nous avons donné du lait de chèvre à des enfants syphilitiques que ne pouvaient alimenter leur mère, et nous pensons qu'en pareil cas l'usage du lait de chèvre pourra rendre des services. »

Après cette appréciation en faveur de l'usage de ce lait pour nourrir les enfants, il nous reste à donner les quelques observations suivantes que M. le Dr Lesage, médecin des hôpitaux, a recueillies dans son service à Trousseau, sur cette méthode d'allaitement.

Ces observations sont peu nombreuses, il est vrai, bien qu'il y en ait eu beaucoup plus de recueillies, mais ce sont les seules suffisamment détaillées pour pouvoir être publiées.

Disons aussi que plusieurs médecins de Paris ont essayé avec succès dans leur clientèle l'emploi du lait de chèvre quand le sein de la mère ne pouvait être donné à l'enfant ou que le lait de vache n'était pas bien toléré par ce dernier. Nos confrères nous ont assuré que cet allaitement leur avait donné d'excellents résultats ; nous citerons particulièrement le Dr Carron de la Carrière qui en est très satisfait. Il a pu surtout en apprécier les avantages dans la convalescence de la fièvre typhoïde et des entérites.

Observation I

Enfant âgé de 15 jours.

Consultation à Trousseau, mercredi 13 août 1900.

Poids, $3^{kgr},100$ le 13 août.

Nourri au lait de vache coupé de moitié d'eau, depuis sa naissance ; il profite mal de cette nourriture.

On le met le 13 août au lait de chèvre n° II.

Tous les jours, la mère vient chercher le lait à Trousseau. Tetée de 60 à 80 grammes toutes les deux heures. On conserve ce lait dans des flacons plongés dans un vase rempli d'eau fraîche. Pas de fermentation.

Date	Poids
15 *août*.	$3^{kgr}, 120$
16 —	3 130
17 —	3 160
18 —	3 165
19 —	3 175
21 —	3 193
23 —	4 010
27 —	4 030
28 —	4 056
1er *septembre*.	4 140
6 —	4 213
10 —	4 288
15 —	4 362
20 —	4 425
25 —	4 500
30 —	4 595

Observation II

Enfant 6 semaines, le 22 août 1900, élevé au sein.

Le 22 août, mis au lait de chèvre frais. 60 à 80 grammes de lait pur toutes les deux heures.

22 *août*.	Poids : $4^{kgr}, 216$
26 —	— 4 305
3 *septembre*.	— 4 460
11 —	— 4 605
17 —	— 4 790
25 —	— 4 900
30 —	— 5 120

Observation III

Enfant de 16 mois, prend à partir du 19 septembre 1901, un litre de lait n° I par jour.

19 *septembre*.	Poids : $8^{kgr}, 950$
26 —	— 9 280
3 *octobre*.	— 9 650
10 —	— 9 820
17 —	— 9 995

Observation IV

Enfant prématuré, né le 30 juillet 1899 à 8 mois, pesait 2 kilos à sa naissance. Ne peut supporter le lait stérilisé. Il prend un litre de lait frais n° I par jour.

1er *août*.	Poids : 10^{kgr},
19 *septembre*.	— 10 970

Observation V

Enfant né le 1er juillet 1901. Il est couvert d'une éruption furonculeuse de toute la région dorsale ; malgré cette affection cutanée intense, il augmente régulièrement et dès que l'éruption cesse il prend 170 grammes en six jours. Cet enfant reçoit 600 grammes de lait n° I par jour.

15 *août*.	Poids :	3^{kgr},300
22 —	—	3 400
29 —	—	3 500
5 *septembre*.	—	3 550
12 —	—	3 590
19 —	—	3 700
26 —	—	3 800
3 *octobre*.	—	3 930

Donc le lait de chèvre faible ou le mélange n° II fait bien pousser les enfants.

Dans les observations ci-dessus, il faut dire que la mère était surveillée et ne donnait pas d'autre lait à l'enfant.

Il faut noter aussi qu'en août et septembre, ces enfants n'ont eu aucun accident, quoique le lait fût cru.

Nous devons à l'obligeance de M. Dongier, sous-directeur du laboratoire de physique (enseignement) à la Sorbonne et de M. le Dr Lesage, médecin des hôpitaux, les renseignements qui vont suivre.

Ces expérimentateurs ont eu récemment l'idée d'étudier la résistance électrique des différents laits de vache qu'on peut se procurer à Paris ; ils ont étudié cette résistance dans un même lait chauffé à des degrés différents et pendant une durée variable ; leur examen a porté aussi sur les laits dilués.

D'une manière générale, MM. Dongier et Lesage ont constaté une modification de résistance électrique survenant avec le chauffage et progressant jusque vers 100° pour faiblir avec une température supérieure ; le mouillage leur a donné selon son degré une augmentation de résistance notable et proportionnelle.

Ces deux opérations (dilution et stérilisation) faites sur

le lait modifient donc ses qualités physiques et parmi elles sa résistance électrique.

MM. Dongier et Lesage se sont servis pour faire ces expériences de la méthode du pont à corde de Wheatstone dans lequel le galvanomètre est remplacé par un téléphone et la pile de charge par un courant induit d'une bobine de Ruhmkorff.

On emploie un pont à corde et on constate l'équilibre à l'aide d'un téléphone: les ondulations électriques sont fournies par le secondaire d'une bobine de Ruhmkorff dont les interruptions sont obtenues à l'aide d'une lame vibrante accordée sur le téléphone.

La position du curseur du pont à corde qui correspond à l'équilibre est celle qui fournit dans le téléphone le minimum d'intensité.

L'étalonnage relatif aux dimensions et à la résistance des électrodes d'Arrhénius plongées dans le liquide à mesurer est obtenu à l'aide d'une mesure préalable faite avec un liquide de résistance spécifique (1) connue (le chlorure de potassium en solution normale : 1 molécule de KCl. $39 + 35,5 = 74^{gr},5$ par litre).

(Tables de Kohlrausch et Holborn, Leitvermögen der Elektrolyte).

Les résistances spécifiques obtenues pour les laits chauffés ont été :

Lait pur non chauffé.	Chauffé 10 min. à 115°.	Chauffé 20 min. à 115°
244$^\omega$	250$^\omega$	243$^\omega$

---

(1) La résistance spécifique signifie la résistance électrique d'une colonne de liquide de 1 centimètre carré de section et de 1 centimètre de longueur.

Peut-être cette modification de la résistance électrique d'un lait chauffé 10' à 115° est-elle due à la diminution de la teneur du liquide en sels désorganisés par la chaleur et la résistance nouvelle du même lait chauffé 20' à 115° est-elle peut-être aussi le résultat de l'action de la chaleur sur la graisse qui, agglomérée en globules plus gros, offre moins d'obstacle au déplacement des ions métalliques et partant permet de constater une diminution de la résistance électrique de ce lait.

CONCLUSIONS

De ce travail nous concluons :

1° Toute mère saine dont la lactation est normale doit allaiter son enfant ; mère, c'est son devoir ; femme, c'est son avantage.

2° Quand cette voie naturelle d'alimentation des nouveau-nés doit être abandonnée pour une cause majeure, il reste à préférer pour élever les enfants une des deux méthodes suivantes qui s'offrent au choix :

α. par nourrice mercenaire ;

ϐ. par le lait de femelles d'animaux domestiques.

Nous ne redirons pas ici pour quels motifs il ne faut pas donner immédiatement la préférence à la première ; nous avons exposé ces raisons dans le cours de ce travail.

Rappelons seulement que la grande mortalité qui frappe les enfants élevés par nourrice à distance et ceux des nourrices sur lieu doit suffire à faire différer l'emploi de cet allaitement.

Il reste donc l'allaitement au biberon avec du lait vivant, ici la mère doit chercher pour la nourriture de l'enfant un lait qui se rapproche chimiquement le plus possible du sien et puisse être donné cru, c'est-à-dire vivant, sans danger pour le nourrisson au point de vue de la transmission possible de la tuberculose.

Or nous avons cru trouver ces avantages dans l'allaitement par le lait de chèvres de races sélectionnées :

1° Parce que la composition qualitative de ce fait se rapproche beaucoup de celle du lait de femme ; les analyses chimiques qui figurent dans cette thèse tendent à le prouver. Ensuite, parce que sa coagulation ressemble par ses flocons légers, petits et facilement dissociables à celle du lait humain.

2° Parce que ces chèvres donnent des laits de constitution constante pour chacun d'eux, mais de composition qualitative différente suivant le produit de la race qu'on examine ; il existe ainsi, à considérer le lait d'une chèvre suisse ou d'une alpine, le mélange de ce dernier avec celui d'une chèvre espagnole, ou le produit pur d'une maltaise, trois sortes de lait, léger, demi-léger et riche, qui par leur composition correspondent aux différentes périodes de la lactation chez la femme et répondent par là même aux exigences d'alimentation de l'enfant grandissant.

3° Parce que ces animaux, en stabulation, peuvent fournir pendant 8 à 10 mois de l'année, partout et à un prix ordinaire, entre deux mises-bas, un lait indemne de germes de la tuberculose, puisque, nous l'avons vu, la chèvre est un des animaux les plus réfractaires à cette maladie.

Son lait peut donc être donné cru à l'enfant qui le digérera facilement.

4° Enfin, parce que les faits cliniques, pour peu nombreux qu'ils soient encore, et nos observations personnelles concluent en faveur de cet allaitement artificiel.

INDEX BIBLIOGRAPHIQUE

Monti. — *XIIIe Congrès intern. de méd. infantile.* Paris, 1900.
Johannessen. — *Ibidem.*
Variot. — *Ibidem.*
Marfan. — Traité de l'allaitement. Paris, 1899.
— *Presse médicale*, 9 janvier 1901.
— *Revue mensuelle des maladies de l'enfance*, février 1901.
Ribemont-Dessaignes et Lepage. — *Précis d'obstétrique*. Paris, 1897.
Manquat. — Traité élémentaire de thérapeutique, t. I, 1900.
M. Arthus. — Éléments de chimie physiologique. Paris, 1897.
J. Crépin. — *Bulletin de la Société nationale d'acclimatation de France*, janvier 1901.
Dr Barbellion. — *XIIIe Congrès internat. de médecine infantile.* Paris, 1900.
Dr Lesage. — *Bulletin de la Société médicale des hôpitaux*, 18 novembre 1898.
Dr Boissard. — *Journal des praticiens*, 30 mai

www.ingramcontent.com/pod-product-compliance
Lightning Source LLC
LaVergne TN
LVHW021732080426
835510LV00010B/1208